하나 바이블

The Kingdom of God in the Bible
하나 바이블은 성경 속에서 하나님 나라를 배우는 책입니다.
왕관은 하나님의 통치, 길은 하나님 나라 백성의 삶을 의미합니다.

교회용
오감 활동북

영유아부
3과정 1학기
학생용

"하나님 나라의 전파"

하나 바이블

이름 :

하나 바이블

The Kingdom of God in the Bible

하나 바이블은 성경 속에서 하나님 나라를 배우는 책입니다.

왕관은 하나님의 통치, 길은 하나님 나라 백성의 삶을 의미합니다.

교회용
오감 활동북

영유아부
3과정·1학기
학생용

"하나님 나라의 전파"

하나 바이블

대한예수교장로회총회

1단원 명령 따라! 하나님 나라

2단원 말씀대로! 하나님 나라

3단원 땅끝까지! 하나님 나라

4단원 믿음으로! 하나님 나라

5단원 하나 되는! 하나님 나라

6단원 매일매일! 하나님 나라

절기 & 특별공과

부록

하나님 나라를 배우는 하나 바이블 출발!

성경 이야기를 즐겁게 놀이하며 배우는 오감 활동북 활용법

| 오감 활동북 |

교회용 | 과별 오감 활동북 그림을 떼어 놀이하며 배워요!

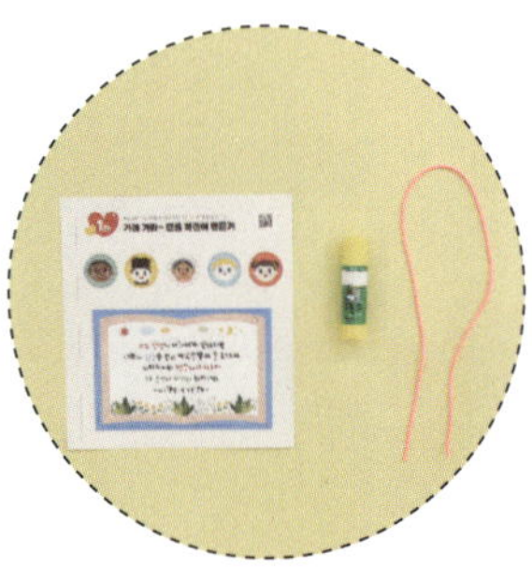

활동 영상

활동 영상 큐알코드를 통해 오감 활동에 대한 자세한 진행 방법을 살펴볼 수 있습니다.

1과

예수님이 하나님 나라를 전하라고 명령하셨어요 | 사도행전 1장 3~11절

가라 가라~ 말씀 목걸이 만들기

오직 성령이 너희에게 임하시면

너희가 권능을 받고 예루살렘과 온 유대와

사마리아와 땅끝까지 이르러

내 증인이 되리라 하시니라

- 사도행전 1장 8절 말씀 -

풀칠

풀칠

풀칠

풀칠

풀칠

붙이는 곳

붙이는 곳

붙이는 곳

어린이 성경

붙이는 곳

붙이는 곳

이름:

2과

하나님 나라는 서로 나누는 교회를 통해 전파돼요 | 사도행전 2장 42~47절

'지글보글' 사랑의 요리 놀이

룰루랄라 양상추

새콤달콤 소스

하하호호 베이컨

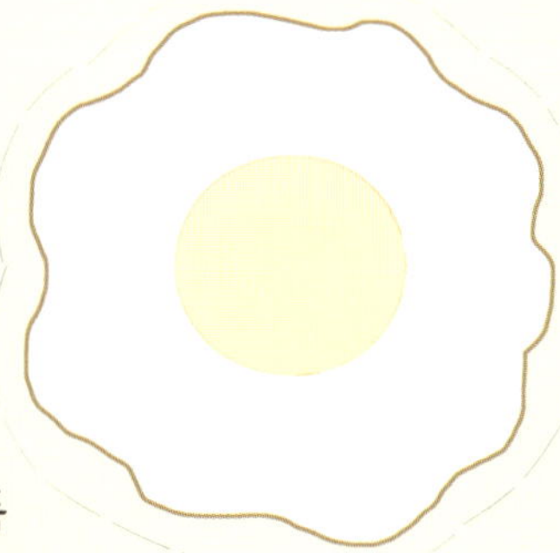

사랑가득 계란프라이

가득가득 나눔치즈

교회 모양 식빵

교회 모양 식빵

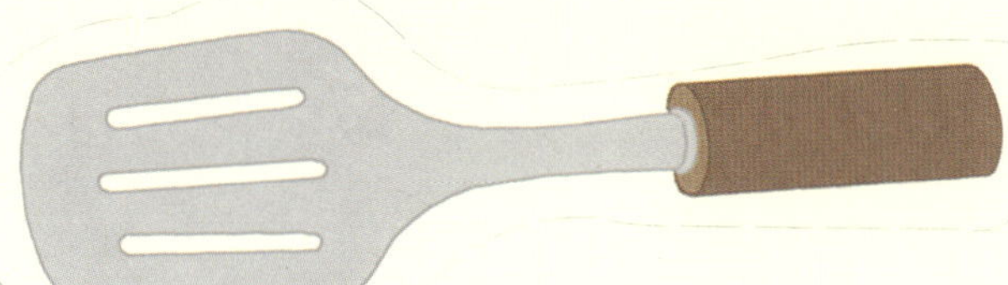

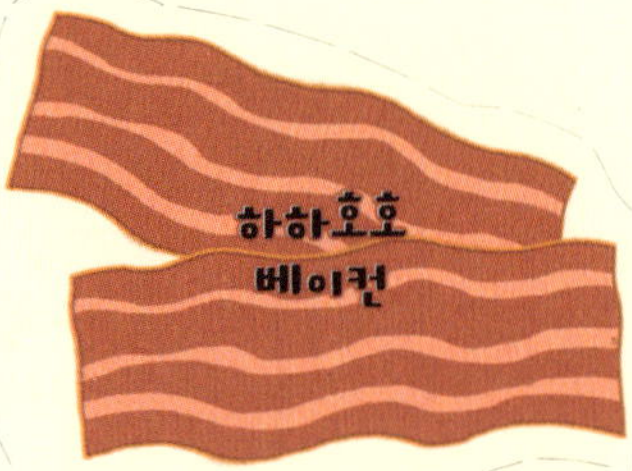
하하호호
베이컨

새콤달콤 소스

룰루랄라
양상추

사랑가득
계란프라이

가득가득
나눔치즈

교회 모양 식빵

교회 모양 식빵

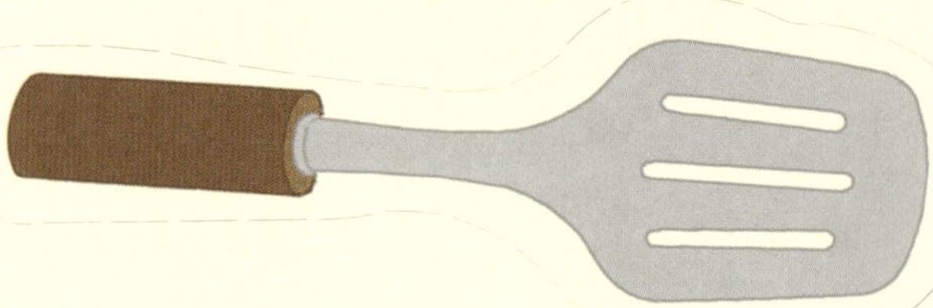

3과

하나님 나라는 예수님 이름의 능력으로 전파돼요 | 사도행전 3장 1~10절

'벌떡' 일어나는 점프 인형 만들기

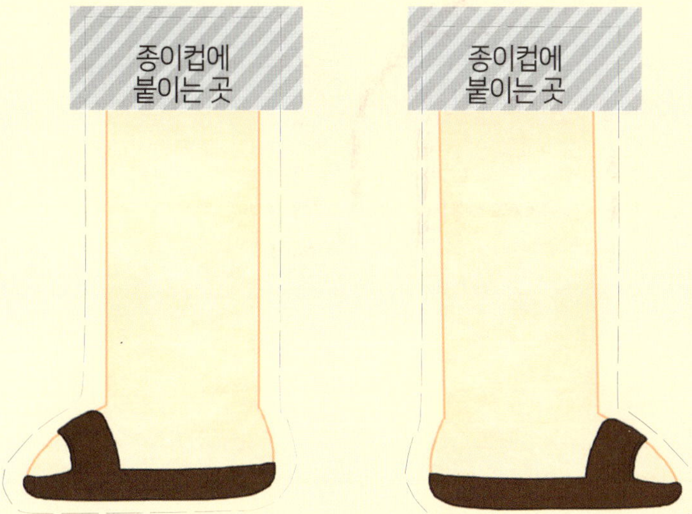

풀
칠
풀
칠
종이컵에
붙이는 곳

하나님 나라는 지혜와 성령의 능력으로 전파돼요 | 사도행전 6장 8~15절

4과 지혜와 성령의 능력이 쏙! 공놀이

5과

하나님 나라는 흩어짐을 통해 전파돼요 | 사도행전 8장 1~8절

팔랑팔랑~ 부채 만들기

컬러 막대
붙이는 곳

컬러 막대
붙이는 곳

6과

하나님 나라는 만남을 통해 전파돼요 | 사도행전 8장 26~40절

씽씽! 달리는 복음 마차 만들기

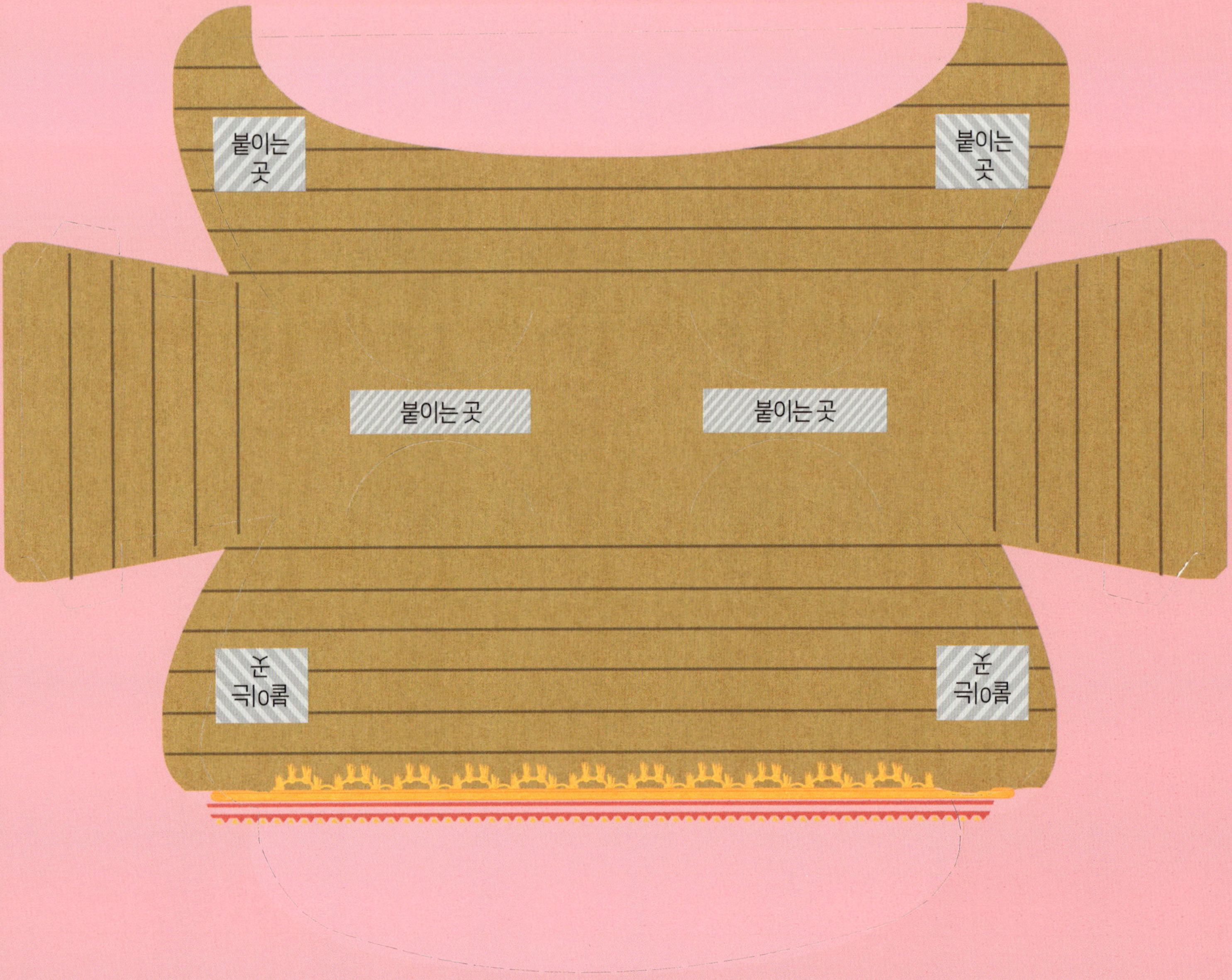
붙이는 곳
붙이는 곳
붙이는 곳
붙이는 곳
붙이는 곳
붙이는 곳

풀칠
접는 곳
풀칠
풀칠

풀칠
접는 곳
풀칠
풀칠

접는 곳
풀칠

7과

하나님 나라는 부르심을 받은 사람을 통해 전파돼요 | 사도행전 9장 1~16절

복음 전하는 내 얼굴 꾸미기

8과

하나님 나라는 우리의 생각을 넘어 전파돼요 | 사도행전 10장 30~35절, 44~48절

칙칙폭폭~ 성령님을 따라가는 전도 기차

백업 붙이는 곳

9과

교회가 교회를 도움으로 하나님 나라를 전해요 | 사도행전 11장 19~26절

교회를 돕는 우리 교회 만들기

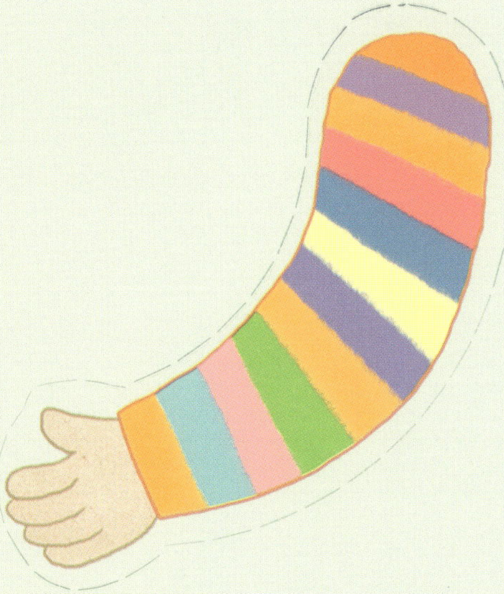

1

교회가
교회를 도움으로
하나님 나라를
전해요!

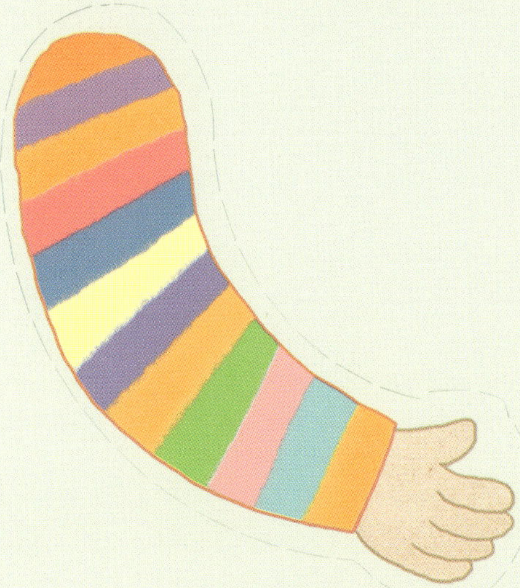

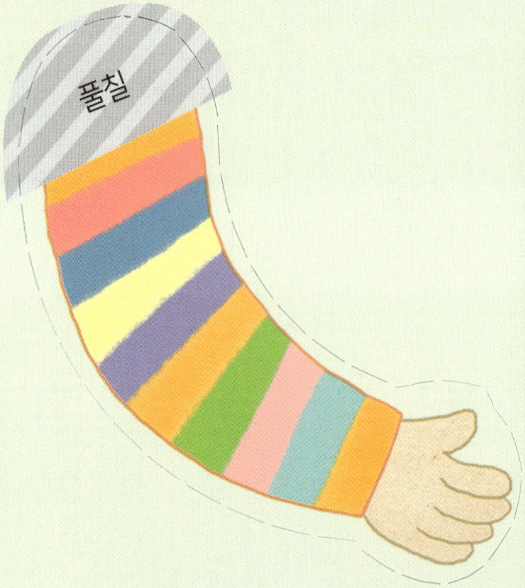

풀칠

풀칠

풀칠

풀칠

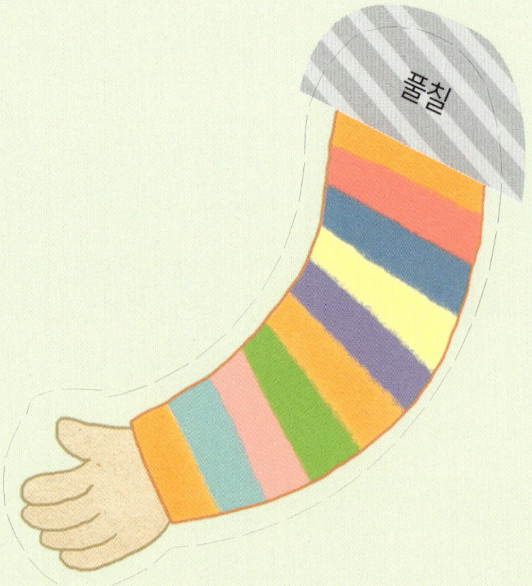

10과

복음이 필요한 곳에 하나님 나라를 전해요 | 사도행전 16장 6~10절

슝슝~ 날아라! 복음 비행기

풀칠
붙이는 곳

11과

어려움 속에서도 하나님 나라를 전해요 | 사도행전 16장 25~34절

콩콩콩! 마라카스 만들기

컬러막대 붙이는 곳

12과

땅끝까지 하나님 나라를 전해요 | 사도행전 28장 23~31절

뚜벅뚜벅! 전도 인형 놀이

13과

복음은 구원을 주시는 하나님의 능력이에요 | 로마서 1장 8~17절

꼭꼭! 기억하는 복음 팔찌 만들기

복음을 믿으면 예수님과 하나가 되어요 | 로마서 6장 1~11절

14과 요리조리! 퍼즐 맞추기 놀이

2 -1

나는 죄가 싫어요.

1 -1

나도 예수님과 함께 죽었어요.

4 -1

나는 예수님이 좋아요.

3 -1

나도 예수님과 함께 살았어요.

15과

복음을 믿으면 성령님을 따라 살 수 있어요 | 로마서 8장 1~11절

가득가득! 성령의 생각 왕관 만들기

풀칠
풀칠

16과

복음을 믿으면 하나님의 뜻대로 살 수 있어요 | 로마서 12장 1~12절, 14~21절

펄럭펄럭~ 믿음의 순종 깃발 만들기

붙이는 곳
사랑해요!

붙이는 곳
도와줘요!

붙이는 곳
용서해요!

붙이는 곳
기뻐해요!

17과

우리는 서로 하나 된 교회예요 | 고린도전서 3장 1~9절

하하호호! 하나 되는 교회 꾸미기

십자가 붙이는 곳

컬러 막대 붙이는 곳

컬러 막대 붙이는 곳

우리는 하나님의 동역자들이요
너희는 하나님의 밭이요
하나님의 집이니라

고린도전서 3장 9절

컬러 막대 붙이는 곳

컬러 막대 붙이는 곳

컬러 막대 붙이는 곳

18과

우리는 사랑으로 섬기는 교회예요 | 고린도전서 13장 1~7절

솔솔~ 사랑향기 가득한 우리 교회

찬양

19과

우리는 예수님을 자랑하는 교회예요 | 고린도후서 4장 7~18절

까꿍! 질그릇 속의 보배 예수님

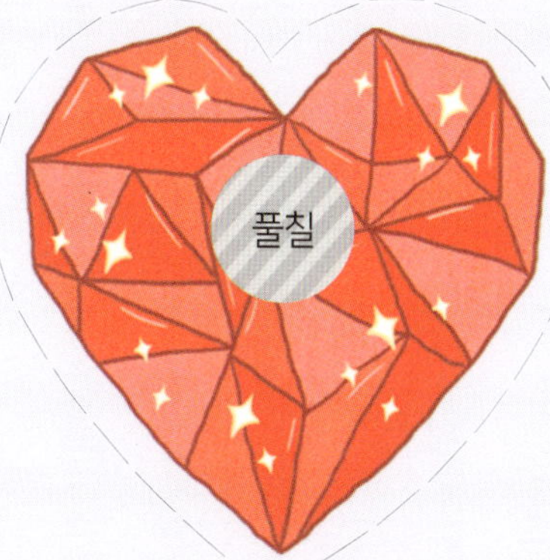

종이컵 붙이는 곳

풀칠

20과

성령의 열매를 맺으며 살아요 | 갈라디아서 5장 16~26절

주렁주렁~ 성령의 열매 만들기

습자지
붙이는 곳

21과

하나님의 전신갑주를 입고 승리하며 살아요 | 에베소서 6장 10~18절

으쌰으쌰! 전신갑주 놀이하기

붙이는 곳
붙이는 곳

풀칠
풀칠

붙이는 곳
붙이는 곳

22과

항상 기도하고 기뻐하며 살아요 | 빌립보서 4장 4~7절

짝짝! 기도손 캐스터네츠 만들기

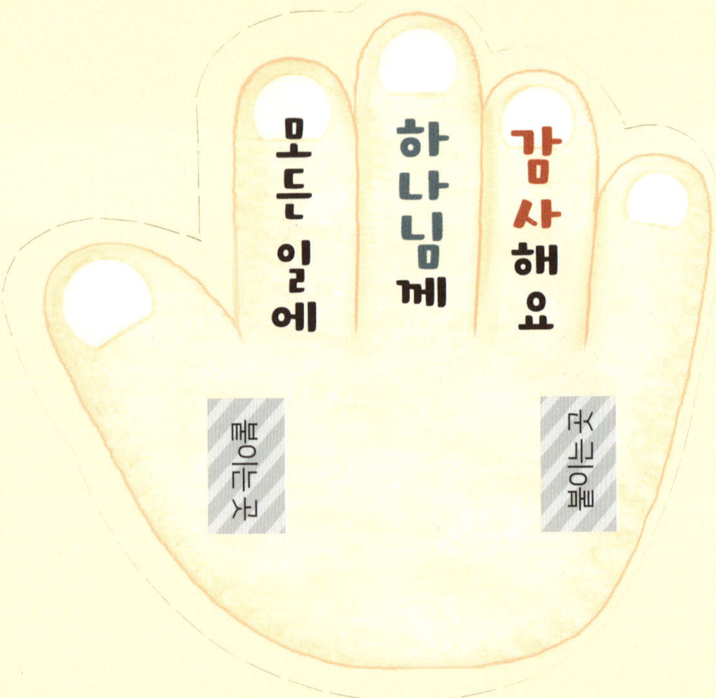
모든 일에
하나님께
감사해요
붙이는 곳
붙이는 곳

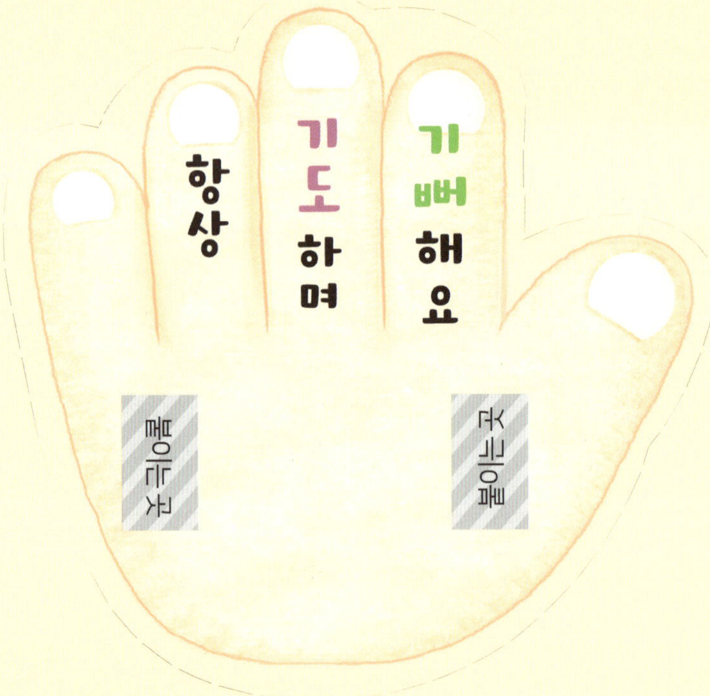
항상
기도하며
기뻐해요
붙이는 곳
붙이는 곳

종려주일

예수님은 하나님의 뜻대로 순종하셨어요 | 마태복음 26장 36~46절

반짝! 기도하는 무드등 만들기

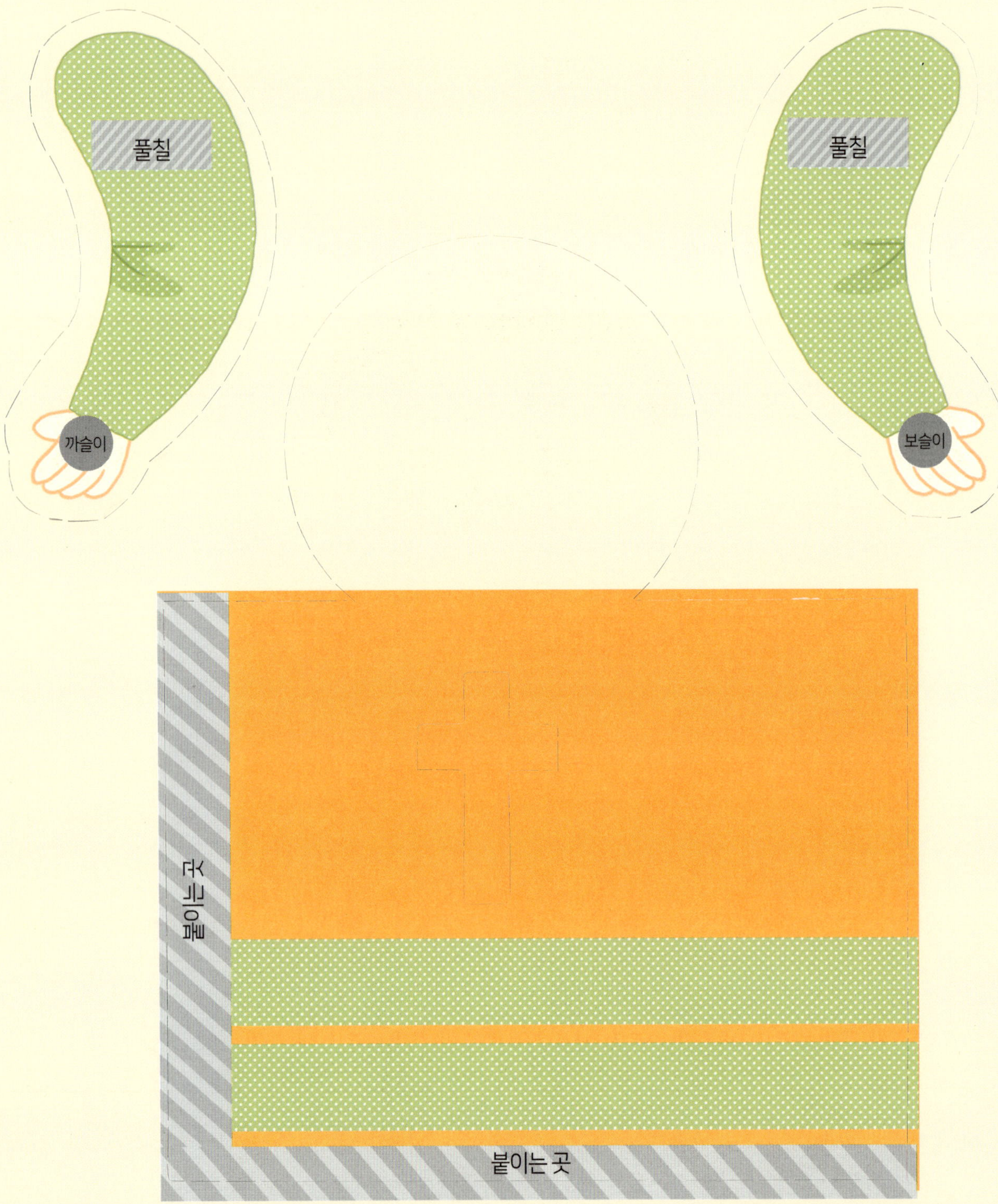
풀칠
풀칠
까슬이
보슬이
붙이는 곳
붙이는 곳

부활주일

예수님이 부활하셨어요 | 고린도전서 15장 4~8절, 14~19절

예수님의 부활을 전하는 마이크

풀칠

휴지심에 붙이는 곳

어린이주일

예수님처럼 자라가요 | 누가복음 2장 40, 52절

쑥쑥! 자람 텃밭 만들기

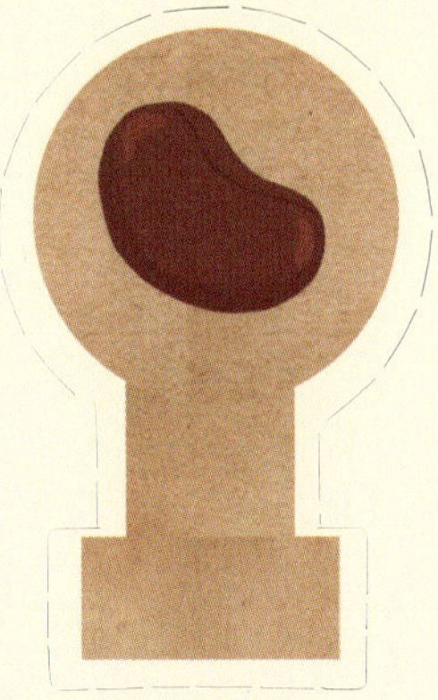

어버이주일

주님 안에서 부모님께 순종해요 | 에베소서 6장 1~4절

감사, 사랑, 순종의 꽃다발 만들기

풀칠

풀칠

풀칠

풀칠

교회에 왔어요!
이름 :

칭찬상

제　　　호

이름 ____________________

위 어린이는 주일에 교회에 와서

기에

이 상장을 주어 칭찬합니다.

20　　년　　월　　일

교회　　　　　부

HAPPY BIRTHDAY

To.

하나 바이블 가정안내문

1단원 명령 따라! 하나님 나라

_______________ **의 부모님께**

안녕하세요? 이번 학기는 신약성경의 가운데 부분을 다룹니다. 주제는 '하나님 나라의 전파'로, 사도행전부터 빌립보서까지 배웁니다. 1단원에서는 "명령 따라! 하나님 나라"라는 주제로, 믿음의 사람들이 예수님의 명령을 따라 하나님 나라를 전파하는 이야기를 배웁니다. **1과**를 통해 예수님의 지상명령은 제자들뿐만 아니라 우리에게도 주어진 것임을 알려주세요. **2과**에서는 초대교회 성도들이 서로 나누는 모습을 살펴보며 우리 자녀들도 삶에서 서로 나눌 수 있도록 격려해 주세요. **3과**는 베드로와 요한이 예수님 이름의 능력으로 나면서부터 걷지 못한 자를 낫게 한 이야기를 통해 '예수님 이름의 능력'을 함께 외치며 그 이름의 능력으로 하나님 나라가 전파됨을 기억하게 해주세요. **4과**는 공회 앞에서도 하나님이 주신 지혜와 성령의 능력으로 당당히 복음을 전한 스데반 집사의 이야기를 통해 우리 자녀들도 하나님의 지혜와 능력을 의지하여 언제나 당당하게 복음을 전하도록 기도해 주세요.

주중에 가정에서 1단원 스토리북과 가정 활동북, 주제 및 암송찬양, 자녀 축복 기도를 통해 우리 자녀들이 예수님의 명령을 따라 하나님 나라를 이루어 가도록 도와주세요.

1과

예수님이 하나님 나라를 전하라고 명령하셨어요
(사도행전 1:3-11)

2과

하나님 나라는 서로 나누는 교회를 통해 전파돼요
(사도행전 2:42-47)

3과

하나님 나라는 예수님 이름의 능력으로 전파돼요
(사도행전 3:1-10)

4과

하나님 나라는 지혜와 성령의 능력으로 전파돼요
(사도행전 6:8-15)

활용 가이드

주중 가정활동 이렇게 활용하세요!

스토리북 그림에 스티커를 붙인 후
성경 이야기를 읽어 주세요.

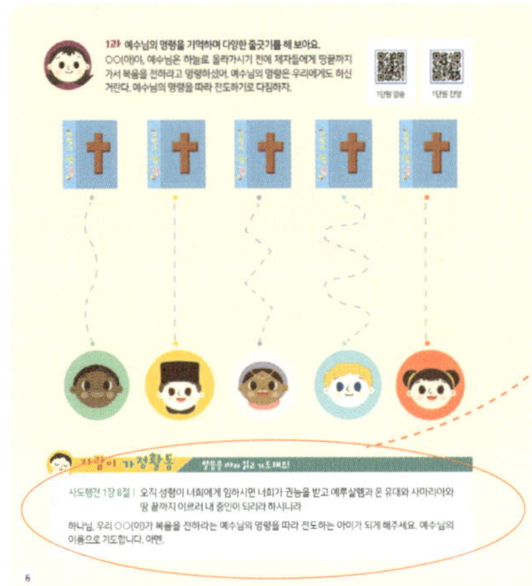

가정 놀이북에 있는 활동을
함께 해주세요.

말씀으로 축복하는 기도문

가정 놀이북 하단에 있는 성경말씀을 읽고 자녀의 이름을 넣어 함께 기도해요!

1단원 암송 말씀을 손유희하며 배워요!

오직 성령이 너희에게 임하시면 너희가 권능을 받고 예루살렘과
온 유대와 사마리아와 땅끝까지 이르러
내 증인이 되리라 하시니라(사도행전 1장 8절)

오직 성령이 너희에게 임하시면
한 손으로 어깨를 한번 찍고 엄지손가락을 세워 앞으로 내민 후 반대 손도 똑같이 한다.

너희가 권능을 받고
양팔을 앞으로 뻗고 양손을 머리 위로 올린다.

예루살렘과
손바닥을 펴고 한 발씩 앞을 찍고 제자리로 돌아온다.

온 유대와 사마리아와
양손을 어깨 위로 올리고 한 발씩 앞을 찍고 제자리로 돌아온다.

땅끝까지 이르러
박수를 두 번 치고 한 팔을 뒤로 향한 후 다시 앞으로 뻗는다.

내 증인이 되리라 하시니라
한 손으로 가슴을 두 번 치고 옆으로 올린 후 다른 손으로 입을 두 번 치고 옆으로 올린다.

1단원 찬양을 함께 불러요!

명령 따라! 하나님 나라

하나 바이블 가정안내문

2 단원 말씀대로! 하나님 나라

______________________ 의 부모님께

안녕하세요? 2단원에서는 "말씀대로! 하나님 나라"라는 주제로, 성도들이 박해로 멀리 흩어지는 상황 속에서 이방인에게까지 하나님 나라가 전파됨을 배웁니다. **5과**에서는 전파되게 하시는 하나님을 믿고 어려움 속에서도 흩어짐을 통해 전파됨을 알려주어 멀리까지 복음을 전하는 자녀들이 되도록 격려해 주세요. **6과**에서는 빌립과 에디오피아 내시가 만나 복음이 이방 지역에 전파되는 이야기를 통해 하나님이 만남도 주관하고 계심을 기억하게 해주세요. **7과**는 부활하신 예수님을 만나 전도자로 세움 받은 바울 이야기를 통해 나도 하나님 나라를 전하기로 다짐하도록 도와주세요. **8과**는 베드로와 이방인 고넬료를 만나게 하셔서 복음이 전해지는 이야기를 통해 하나님 나라는 우리의 생각을 넘어 하나님의 말씀대로 모든 사람에게 전파되는 것임을 알려주세요.

주중에 가정에서 2단원 스토리북과 가정 활동북, 주제 및 암송찬양, 자녀 축복 기도를 통해 우리 자녀들이 하나님의 변치 않는 말씀을 의지하며 하나님 나라를 이루어 가도록 도와주세요.

5과

하나님 나라는
흩어짐을 통해 전파돼요
(사도행전 8:1-8)

6과

하나님 나라는
만남을 통해 전파돼요
(사도행전 8:26-40)

7과

하나님 나라는 부르심을
받은 사람을 통해 전파돼요
(사도행전 9:1-16)

8과

하나님 나라는
우리의 생각을 넘어 전파돼요
(사도행전 10:30-35, 44-48)

활용 가이드

주중 가정활동 이렇게 활용하세요!

스토리북 그림에 스티커를 붙인 후
성경 이야기를 읽어 주세요.

가정 놀이북에 있는 활동을
함께 해주세요.

말씀으로 축복하는 기도문

가정 놀이북 하단에 있는 성경말씀을 읽고 자녀의 이름을 넣어 함께 기도해요!

2단원 암송 말씀을 손유희하며 배워요!

이 사람은 내 이름을 이방인과 임금들과 이스라엘 자손들에게
전하기 위하여 택한 나의 그릇이라(사도행전 9장 15절 하반절)

이 사람은 내 이름을
한 손을 앞으로 펼친 후
펼친 손의
엄지손가락으로
나를 가리킨다.

이방인과 임금들과
가위 손으로 앞과
옆을 찍고 반대 손으로
주먹 쥐고 앞과 옆을
찍는다.

이스라엘 자손들에게
양팔을 옆으로 벌린 뒤
손을 들어
한 손가락씩 접는다.

전하기 위하여
무릎을 구부렸다 펴면서
양손을 입가에 모은 후
양팔을 편다.

택한 나의
주먹을 쥔 양팔을 접어
가슴에서 찍은 후
양손 엄지손가락으로
나를 가리킨다.

그릇이라
양팔과 손을 앞으로 펼쳐
가운데로 모은다.

2단원 찬양을 함께 불러요!

말씀대로! 하나님 나라

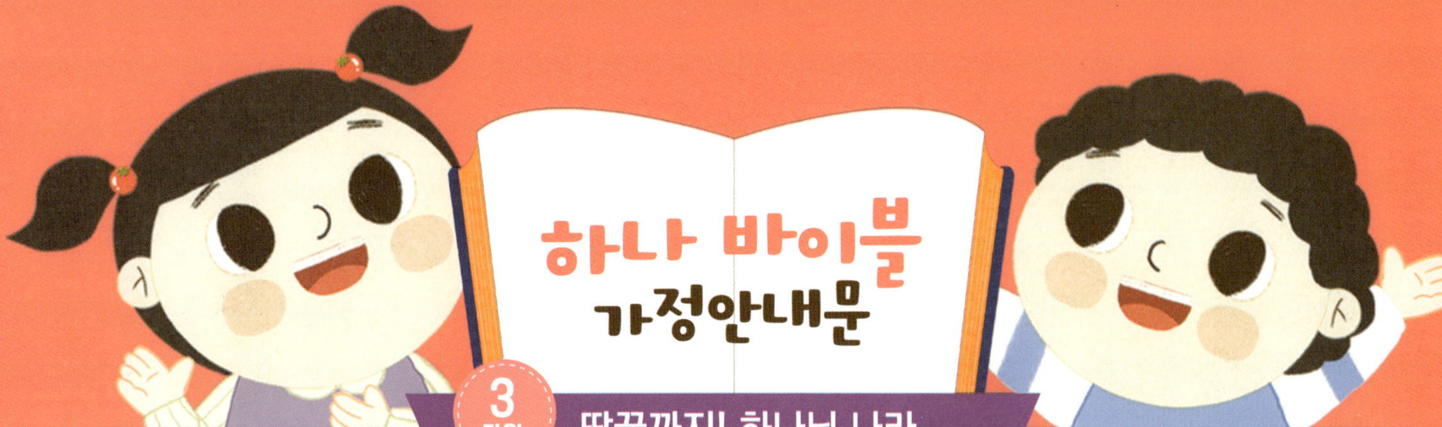

하나 바이블 가정안내문

3단원 땅끝까지! 하나님 나라

________________________ 의 부모님께

안녕하세요? 3단원에서는 "땅끝까지! 하나님 나라"라는 주제로, 부활하신 예수님을 만난 후 생애를 마감하기까지 복음 전파에 힘을 쏟은 사도 바울을 중심으로 내용이 전개됩니다. **9과**는 안디옥교회를 더욱 든든히 세우기 위해 예루살렘교회에서 바나바와 바울을 보낸 이야기를 통해 교회와 교회는 서로 도와주어야 함을 알려주세요. **10과**에서는 환상을 통해 바울을 마게도냐로 가게 하신 것처럼 하나님은 복음이 필요한 곳으로 우리를 인도하시는 분임을 기억하게 해주세요. **11과**는 복음을 전파하다가 억울하게 옥에 갇혔지만 오히려 기도하고 찬양하며 간수의 가족을 구원한 바울과 실라를 통해 어려움 속에서도 기도하고 찬양하는 자녀들이 되도록 격려해 주세요. **12과**는 죄인의 신분으로 로마에 갔지만 자신에게 오는 모든 사람에게 복음을 전하는 바울을 기억하며 땅끝까지 하나님 나라를 전하도록 소망을 심어주세요.

주중에 가정에서 3단원 스토리북과 가정 활동북, 주제 및 암송찬양, 자녀 축복 기도를 통해 우리 자녀들이 하나님만을 의지하며 땅끝까지 복음을 전하여 하나님 나라를 이루어 가도록 도와주세요.

9과

교회가 교회를 도움으로
하나님 나라를 전해요
(사도행전 11:19-26)

10과

복음이 필요한 곳에
하나님 나라를 전해요
(사도행전 16:6-10)

11과

어려움 속에서도
하나님 나라를 전해요
(사도행전 16:25-34)

12과

땅끝까지
하나님 나라를 전해요
(사도행전 28:23-31)

활용 가이드

주중 가정활동 이렇게 활용하세요!

스토리북 그림에 스티커를 붙인 후
성경 이야기를 읽어 주세요.

가정 놀이북에 있는 활동을
함께 해주세요.

말씀으로 축복하는
기도문

가정 놀이북 하단에 있는 성경말씀을 읽고 자녀의 이름을 넣어 함께 기도해요!

3단원 암송 말씀을 손유희하며 배워요!

하나님의 나라를 전파하며 주 예수 그리스도에 관한 모든 것을
담대하게 거침없이 가르치더라(사도행전 28장 31절)

하나님의 나라를
한 팔씩 위로
원을 그리며 올린 후
양팔을 하늘을 향해
뻗는다.

전파하며
양손을 입가에 대고
모았다가 앞으로 뻗은 후
허리손을 한다.

주 예수 그리스도에
두 팔을 옆으로 뻗고
위로 뻗으면서
십자가를 만든다.

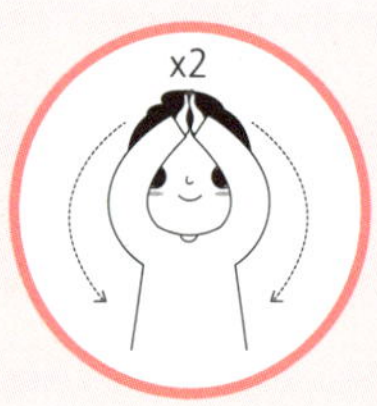

관한 모든 것을
양팔을 위로 올려서
박수를 두 번 치고 원을
만들어 내린다.

담대하게 거침없이
한 손 주먹 쥐고
어깨를 두 번 두들긴 후
위아래로 두 번
올렸다 내린다.
반대 손도 똑같이 한다.

가르치더라
양손을 입가에 대고
모았다가 앞으로 뻗은 후
허리손을 한다.

3단원 찬양을 함께 불러요!

땅끝까지! 하나님 나라

하나 바이블 가정안내문

4단원 믿음으로! 하나님 나라

_______________ 의 부모님께

안녕하세요? 4단원은 "믿음으로! 하나님 나라"라는 주제로, 복음의 핵심이 담겨 있는 로마서를 다룹니다. 바울이 로마교회에 보낸 편지를 통해 오직 믿음으로만 구원받을 수 있음을 배웁니다. **13과**에서는 우리 자녀들이 하나님의 아들이신 예수님이 우리 죄를 깨끗게 하시어 구원해 주심을 믿고, 이 복음을 자랑하는 마음을 가지도록 기도해 주세요. **14과**는 복음을 믿는 자는 예수님과 하나가 되며 죄에 대해 죽은 자로, 예수님 안에서 산 자로 여기며 살아야 함을 알려주세요. **15과**는 복음을 믿으면 성령님을 따라 영의 생각을 하며 살 수 있음을 알려 주세요. **16과**에서는 복음을 믿으면 순종과 기쁨, 용서와 사랑 등 하나님의 뜻대로 살 수 있음을 알려주시고, 하나님의 뜻을 분별하도록 기도하며 힘쓰는 자녀가 되게 격려해 주세요.

주중에 가정에서 4단원 스토리북과 가정 활동북, 주제 및 암송찬양, 자녀 축복 기도를 통해 우리 자녀들이 복음의 삶을 기억하고 믿음으로 하나님 나라를 이루어 가도록 도와주세요.

13과
복음은 구원을 주시는 하나님의 능력이에요
(로마서 1:8-17)

14과
복음을 믿으면 예수님과 하나가 되어요
(로마서 6:1-11)

15과
복음을 믿으면 성령님을 따라 살 수 있어요
(로마서 8:1-11)

16과
복음을 믿으면 하나님의 뜻대로 살 수 있어요
(로마서 12:1-2, 14-21)

종려주일
예수님은 하나님의 뜻대로 순종하셨어요
(마태복음 26:36-46)

부활주일
예수님이 부활하셨어요
(고린도전서 15:4-8, 14-19)

활용 가이드

주중 가정활동 이렇게 활용하세요!

스토리북 그림에 스티커를 붙인 후
성경 이야기를 읽어 주세요.

가정 놀이북에 있는 활동을
함께 해주세요.

말씀으로 축복하는
기도문

가정 놀이북 하단에 있는 성경말씀을 읽고 자녀의 이름을 넣어 함께 기도해요!

4단원 암송 말씀을 손유희하며 배워요!

내가 복음을 부끄러워하지 아니하노니 이 복음은
모든 믿는 자에게 구원을 주시는 하나님의 능력이 됨이라
(로마서 1장 16절 상반절)

내가 복음을
양손을 가슴에 포갠 후
입가에 대고 전한다.

부끄러워하지 아니하노니
양손으로 얼굴을 가리고
손과 함께 고개를 흔든 후
양손을 다시 입가에 대고
전한다.

이 복음은
양손으로
성경책을 펼친다.

모든 믿는 자에게
양손을 안에서 밖으로
펼친다.

구원을 주시는
펼친 양손을
한 번 찍고
위로 올린다.

하나님의 능력이 됨이라
양손을 주먹 쥔 후
얼굴 앞에 모으고
안에서 밖으로 벌리면서
위로 올린다.

4단원 찬양을 함께 불러요!

믿음으로! 하나님 나라

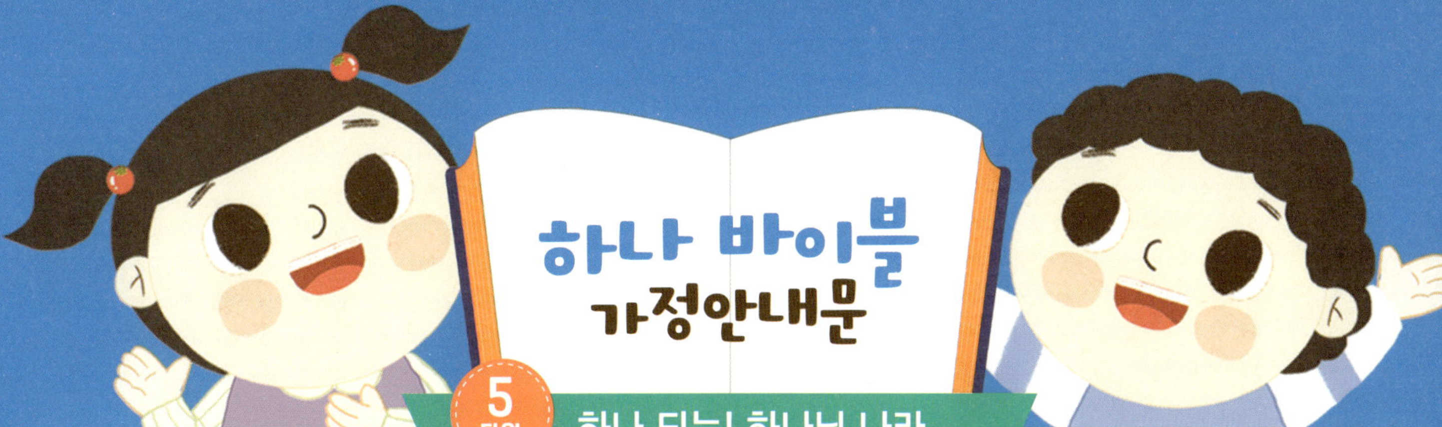

하나 바이블 가정안내문

5단원 하나 되는! 하나님 나라

______________ 의 부모님께

안녕하세요? 5단원은 "하나 되는! 하나님 나라"라는 주제로, 고린도교회에 보낸 바울의 서신을 중심으로 전개됩니다. 바울은 파벌 문제로 분쟁이 생긴 고린도교회에 서신을 보내 하나님 나라는 분열과 분쟁이 아니라 서로 하나가 되는 나라임을 알려주었습니다. **17과**에서는 교회는 서로 하나 된 공동체로서, 하나님 나라의 하나 됨을 위해 서로 세워주며 살아야 함을 알려주세요. **18과**에서는 교회가 하나 되기 위해서는 서로 사랑해야 함을 배우고, 사랑을 실천하는 구체적인 모습을 익히도록 도와주세요. **19과**에서는 보배이신 예수님을 가진 질그릇같은 우리를 통해 복음이 전해진 이야기를 들려주고, 자녀들 안에도 보배이신 예수님이 계심을 기억하며 힘 있게 복음을 전하도록 격려해 주세요.

주중에 가정에서 5단원 스토리북과 가정 활동북, 주제 및 암송찬양, 자녀 축복 기도를 통해 우리 자녀들이 하나 된 하나님 나라를 이루어 가도록 도와주세요.

17과
우리는 서로 하나 된 교회예요
(고린도전서 3:1-9)

18과
우리는 사랑으로 섬기는 교회예요
(고린도전서 13:1-7)

19과
우리는 예수님을 자랑하는 교회예요
(고린도후서 4:7-18)

어린이주일
예수님처럼 자라가요
(누가복음 2:40, 52)

어버이주일
주님 안에서 부모님께 순종해요
(에베소서 6:1-4)

활용 가이드

주중 가정활동 이렇게 활용하세요!

스토리북 그림에 스티커를 붙인 후
성경 이야기를 읽어 주세요.

가정 놀이북에 있는 활동을
함께 해주세요.

말씀으로 축복하는
기도문

가정 놀이북 하단에 있는 성경말씀을 읽고 자녀의 이름을 넣어 함께 기도해요!

5단원 암송 말씀을 손유희하며 배워요!

사랑은 오래 참고 사랑은 온유하며 시기하지 아니하며
사랑은 자랑하지 아니하며 교만하지 아니하며
(고린도전서 13장 4절)

사랑은 오래 참고
손허리 한 상태로
엉덩이를 왼쪽, 오른쪽
세 번 움직인 후
양손을 주먹 쥐고 흔든다.

사랑은 온유하며
손허리 한 상태로
엉덩이를 왼쪽, 오른쪽
세 번 움직인 후 손으로
하트 모양을 만들어서
얼굴 옆으로 이동한다.

시기하지 아니하며
주먹 쥐고 오른쪽에서
앞뒤로 흔든 후
왼쪽에서 손가락을
좌우로 흔든다.

사랑은
손허리 한 채로
엉덩이를 왼쪽, 오른쪽
세 번 움직인다.

자랑하지 아니하며
한 손을 턱밑에서
위로 올린 후 양손을
X 모양으로 만든다.

교만하지 아니하며
양손을 턱밑에서 위로
올린 후 양손으로
X 모양을 만들고
좌우로 몸을 이동한다.

5단원 찬양을 함께 불러요!

하나 되는! 하나님 나라

하나 바이블 가정안내문

6단원 매일매일! 하나님 나라

________________ 의 부모님께

안녕하세요? 6단원에서는 바울서신 중 갈라디아서, 에베소서, 빌립보서를 다룹니다. 주제는 "매일매일! 하나님 나라"로서, 이 땅에서 살아가는 하나님 나라 백성의 모습이 어떠해야 하는지를 배웁니다. **20과**에서는 사랑과 희락, 화평, 오래참음, 자비와 양선, 충선과 온유, 절제의 성령의 아홉 가지 열매를 살펴보며, 성령을 따라 행하면 성령의 열매를 풍성히 맺게 됨을 알려주세요. **21과**에서는 하나님의 전신갑주인 구원의 투구, 의의 흉배, 진리의 허리띠, 평화의 신발, 믿음의 방패, 성령의 검으로 매일매일 무장하여 마귀의 대적에 승리하도록 격려해 주세요. **22과**에서는 하나님이 우리의 모든 것을 아시기에, 모든 일에 감사함으로 기도하고 기뻐하며 살아가도록 지도해 주세요.

주중에 가정에서 6단원 스토리북과 가정 활동북, 주제 및 암송찬양, 자녀 축복 기도를 통해 우리 자녀들이 매일매일 하나님 나라의 백성답게 살아가도록 도와주세요.

20과

성령의 열매를 맺으며 살아요

(갈라디아서 5:16-26)

21과

하나님의 전신갑주를 입고 승리하며 살아요

(에베소서 6:10-18)

22과

항상 기도하고 기뻐하며 살아요

(빌립보서 4:4-7)

활용 가이드

주중 가정활동 이렇게 활용하세요!

스토리북 그림에 스티커를 붙인 후
성경 이야기를 읽어 주세요.

가정 놀이북에 있는 활동을
함께 해주세요.

말씀으로 축복하는
기도문

가정 놀이북 하단에 있는 성경말씀을 읽고 자녀의 이름을 넣어 함께 기도해요!

6단원 암송 말씀을 손유희하며 배워요!

오직 성령의 열매는 사랑과 희락과 화평과 오래 참음과 자비와 양선과 충성과 온유와 절제니 이 같은 것을 금지할 법이 없느니라
(갈라디아서 5장 22-23절)

오직 성령의 열매는
양손을 가슴에 모아
기도손을 한 후
양손을 위로 펴고
가슴 쪽에서 두 주먹을 모아
열매를 만든다.

사랑과 희락과 화평과
양손으로 하트 모양을
만든 후 두 손바닥을
양옆으로 활짝 펴고
양손을 반짝반짝 흔들며
가슴에 모은다.

오래 참음과
자비와 양선과
양손을 가슴에 모아
기도손을 한 후
양 손바닥을 사선으로
양쪽에서 한 번씩 편다.

충성과 온유와 절제니
양손을 주먹 쥐고
한 손은 가슴에 댄 후
주먹 쥔 다른 손을 펴서
위에서 아래로 가슴까지
세 번 찍어 내린다.

이 같은 것을 금지할
양 손바닥을 위에서
아래쪽으로 툭툭 치며
배꼽 쪽으로 내려온 후
다른 쪽도 동일하게 한다.

법이 없느니라
양손을 크게 X자를 하며
가슴에 모은 후
밖으로 크게 펴고
손허리 한다.

6단원 찬양을 함께 불러요!

매일매일! 하나님 나라

▲ 뒷면

앞면 ▶

5과

2과

4과

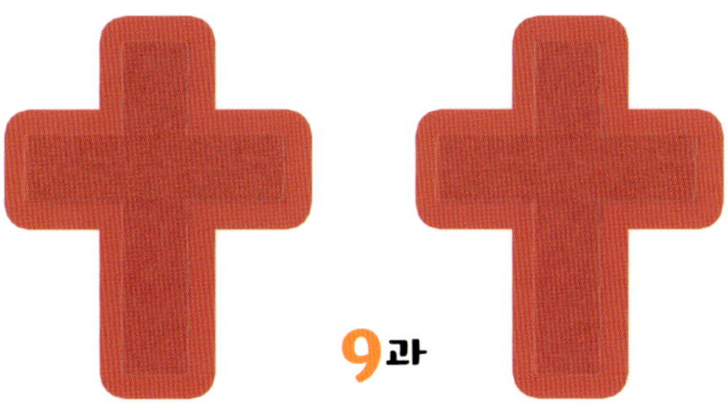

9과

8과

11과

10과

14과

12과

16과

15과

17과

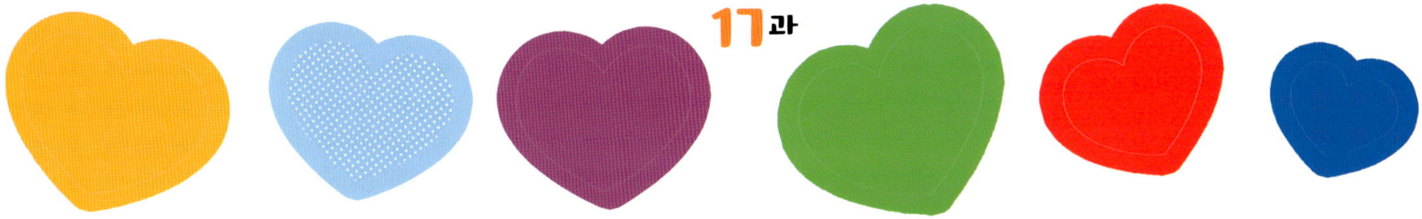

22과

20과

출석스티커

영유아부 3과정 1학기 학생용

기획 | 총회교육개발원　　**총괄** | 총회총무 박용규

총회교육개발원 원장 | 노영주

선임연구원 | 한유완

연구원 | 성초희 문성광 남기숙 배승리

교육과정 | 김광열 김준 김희석 김희자 박재은 신국원 이관직 조호형 주종훈 함영주

공과집필 | 한유완(팀장) 김희영 김은미 김희정 안명숙 우경신 이은숙 이은실
장선희 장은숙 정현숙 한은혜

감수 | (교수) 강대훈 김광열 김대혁 김요섭 김희석 김희자 유은희
(목회자) 송태근 고동훈 고문산 권순웅 박재신

교정 | 송지수　　**그림** | 최은민　　**표지·내지 디자인** | 지온커뮤니케이션

App 개발 | 주식회사 노드블랙

하나바이블

초판 발행 | 2022년 11월 25일　　**초판 3쇄** | 2025년 12월 1일

편집 | 대한예수교장로회총회 교육개발원

제작 | 대한예수교장로회총회 출판부

출판팀 팀장 | 오은총

부팀장 | 조미예 김경환

발행 | 대한예수교장로회총회

주소 | 06177 서울시 강남구 영동대로 330

전화 | 02-559-5647(교육개발원) 02-559-5655~7(출판팀)

팩스 | 02-559-8490(교육개발원) 02-6940-9384(출판팀)

홈페이지 | www.총회교육.com www.holyonebook.com

제조국 | 대한민국

대한예수교장로회총회

ISBN 979-11-92120-61-4(04230)
979-11-92120-60-7(04230) 세트

값 9,000원

하나 바이블 | The Kingdom of God in the Bible
하나 바이블은 성경 속에서 하나님 나라를 배우는 책입니다.
왕관은 하나님의 통치, 길은 하나님 나라 백성의 삶을 의미합니다.

가정용
스토리북
&놀이북

영유아부
3과정 1학기
학생용

"하나님 나라의
전파"

하나 바이블

이름 :

하나 바이블

The Kingdom of God in the Bible
하나 바이블은 성경 속에서 하나님 나라를 배우는 책입니다.
왕관은 하나님의 통치, 길은 하나님 나라 백성의 삶을 의미합니다.

가정용
스토리북
&놀이북

영유아부
3과정·1학기
학생용

"하나님 나라의
전파"

하나 바이블

대한예수교장로회총회

1단원 명령 따라! 하나님 나라

2단원 말씀대로! 하나님 나라

3단원 땅끝까지! 하나님 나라

4단원 믿음으로! 하나님 나라

5단원 하나 되는! 하나님 나라

6단원 매일매일! 하나님 나라

절기 & 특별공과

부록

하나님 나라를 배우는 하나 바이블 출발!

성경 이야기를 가정에서 배우는 스토리북 & 가정 놀이북 활용법

| 가정용 스토리북 |

스티커 붙이기
스티커를 붙이며 성경 이야기를 기억해요.

성경 이야기 들려주기
부모님이 성경 이야기를 읽어 주세요.

| 가정용 놀이북 |

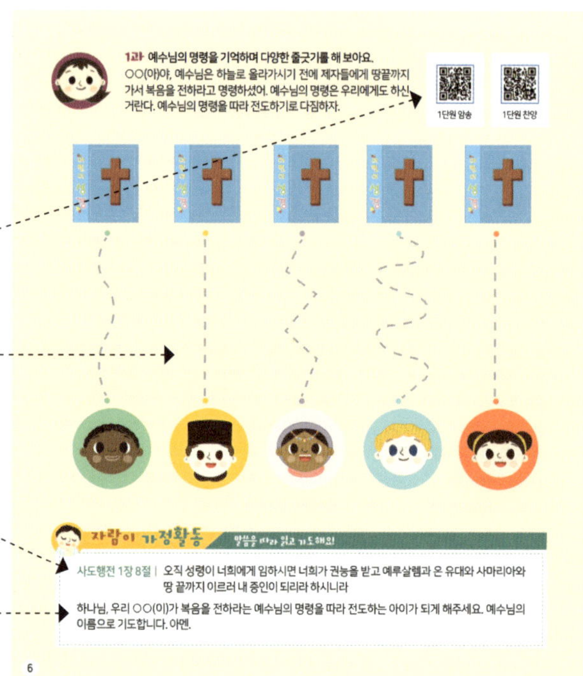

큐알코드
단원 암송곡 및 챈트 찬양을 불러 보아요.

가정 놀이
색칠하기, 줄긋기, 따라 하기 등
다양한 방법으로 성경 이야기를 기억해요.

말씀 읽기
성경 본문 말씀을 따라 읽게 해주세요.

기도하기
말씀에 자녀 이름을 넣어 기도해 주세요.

1과

예수님이 하나님 나라를 전하라고 명령하셨어요 | 사도행전 1장 3-11절

예수님이 하늘로 올라가시기 전에 제자들에게 말씀하셨어요.
"예루살렘과 온 유대와 사마리아와 땅끝까지 이르러 내 증인이 되어라!"
예수님은 성령님의 능력을 받아 **하나님 나라**를 전하라고 **명령하셨어요.**

1과 **예수님의 명령을 기억하며 다양한 줄긋기를 해 보아요.**

○○(아)야, 예수님은 하늘로 올라가시기 전에 제자들에게 땅끝까지 가서 복음을 전하라고 명령하셨어. 예수님의 명령은 우리에게도 하신 거란다. 예수님의 명령을 따라 전도하기로 다짐하자.

1단원 암송

1단원 찬양

자람이 가정활동

말씀을 따라 읽고 기도해요!

사도행전 1장 8절 | 오직 성령이 너희에게 임하시면 너희가 권능을 받고 예루살렘과 온 유대와 사마리아와 땅끝까지 이르러 내 증인이 되리라 하시니라

하나님, 우리 ○○(이)가 복음을 전하라는 예수님의 명령을 따라 전도하는 아이가 되게 해주세요. 예수님의 이름으로 기도합니다. 아멘.

2과

하나님 나라는 서로 나누는 교회를 통해 전파돼요 | 사도행전 2장 42-47절

"아멘, 아멘." 예수님을 믿는 예루살렘 사람들이 매일 교회에 모여서 예배했어요.
냠냠 음식을 함께 나누어 먹고, 필요한 것도 서로 나누었어요.
그러자 구원받는 사람들이 더욱 많아졌어요. 하나님 나라는 서로 나누는 교회를 통해 전파돼요.

2과 서로 나누었던 초대교회의 모습을 기억하며 색칠해 보아요.

○○(아)야, 초대교회 사람들은 매일 교회에 모이고 소중한 것들을 서로 나누며 사랑했단다. 우리도 사랑과 나눔이 있는 교회를 세워가자.

1단원 암송

1단원 찬양

자람이 가정활동

말씀을 따라 읽고 기도해요!

사도행전 2장 47절 | 하나님을 찬미하며 또 온 백성에게 칭송을 받으니 주께서 구원 받는 사람을 날마다 더하게 하시니라

하나님, 우리 ○○(이)가 초대교회 사람들처럼 교회에 모이기 위해 노력하고, 서로 사랑하고 나누는 교회를 만들어가게 해주세요. 예수님의 이름으로 기도합니다. 아멘.

하나님 나라는 예수님 이름의 능력으로 전파돼요 | 사도행전 3장 1-10절

"은과 금은 없지만 내게 있는 것을 줄게요. 예수님의 이름으로 일어나 걸으세요!"
베드로는 태어나면서부터 걷지 못한 사람을 예수님의 이름으로 고쳐 주었어요.
이 사람은 걷고 뛰기도 하며 하나님을 찬양했어요. **하나님 나라**는 **예수님 이름의 능력**으로 전파돼요.

3과 "예수님의 이름으로 OO해요!"를 외쳐요.

○○(아)야, 나면서부터 걷지 못했던 사람이 예수님의 이름으로 고침 받은 것처럼 예수님의 이름에는 능력이 있단다. 예수님 이름의 능력으로 서로를 축복하고 기도하자!

1단원 암송

1단원 찬양

예수님의 이름으로...

사랑해요!

힘내세요!

행복해요!

축복해요!

자람이 가정활동

말씀을 따라 읽고 기도해요!

사도행전 3장 6절 | 베드로가 이르되 은과 금은 내게 없거니와 내게 있는 이것을 네게 주노니 나사렛 예수 그리스도의 이름으로 일어나 걸으라 하고

하나님, 우리 ○○(이)가 예수님 이름의 능력을 힘입어 이웃을 섬기고 사랑하는 자녀로 자라게 해주세요. 예수님의 이름으로 기도합니다. 아멘.

4과

하나님 나라는 지혜와 성령의 능력으로 전파돼요 | 사도행전 6장 8-15절

은혜와 권능이 충만한 스데반은 백성들 가운데서 놀라운 기적을 행하였어요.
공회에 잡혀 왔을 때도 하나님이 주신 지혜와 성령의 능력으로 용기 있게 예수님을 전했어요.
하나님 나라는 **지혜와 성령의 능력**으로 전파돼요.

4과 성령님의 지혜와 능력으로 예수님을 전해요!

○○(아)야, 스데반은 지혜와 성령의 능력으로 예수님을 용기 있게 전했어. 어디서나 예수님을 담대하게 전하는 용기를 달라고 기도하자.

1단원 암송

1단원 찬양

"성령님의 지혜와 능력으로 예수님을 전해요!"

자람이 가정활동 말씀을 따라 읽고 기도해요!

사도행전 6장 10절 | 스데반이 지혜와 성령으로 말함을 그들이 능히 당하지 못하여

하나님, 우리 ○○(이)가 예수님을 용기 있게 전하도록 성령님의 지혜와 능력을 주세요. 예수님의 이름으로 기도합니다. 아멘.

5과

하나님 나라는 흩어짐을 통해 전파돼요 | 사도행전 8장 1-8절

예루살렘교회 사람들은 큰 박해를 피해 유대와 사마리아 지방으로 흩어졌어요.
"예수님 믿으세요!" 흩어진 사람들은 어디서나 예수님을 전했어요.
하나님 나라는 어렵고 힘든 가운데서도 전파돼요.

5과 **지금 내 옆에 있는 친구에게 복음을 전해요.**

○○(아)야, 예루살렘교회가 박해를 받아 흩어졌지만, 흩어진 그곳에서도 복음이 전해졌단다. 지금 우리가 있는 곳에서 복음이 전해지도록 하자.

2단원 암송 2단원 찬양

"친구야, 예수님을 믿으면 구원받는단다!"

자람이 가정활동 말씀을 따라 읽고 기도해요!

사도행전 8장 5절 | 빌립이 사마리아 성에 내려가 그리스도를 백성에게 전파하니

하나님, 우리 ○○(이)가 친구에게 복음을 전할 때 용기를 주세요. 하나님께서 최고로 기뻐하시는 전도하는 일에 ○○(을)를 사용해 주세요. 예수님의 이름으로 기도합니다. 아멘.

6과

하나님 나라는 만남을 통해 전파돼요 | 사도행전 8장 26-40절

"일어나 광야로 가거라." 성령님은 빌립을 광야로 보내 에디오피아 내시를 만나게 하셨어요.
"이사야의 말씀에 나오는 어린 양은 누구를 가리키나요?" "바로 우리를 구원하신 예수님이세요!"
에디오피아 내시는 복음을 듣고 세례를 받았어요. 하나님 나라는 만남을 통해 전파돼요.

6과 **길을 따라가며 만나는 친구에게 예수님을 전해요.**

○○(아)야, 하나님은 만남을 통해서 복음이 전파되도록 하신단다.
누구를 만나든지 항상 예수님을 전할 수 있도록 준비하자!

2단원 암송

2단원 찬양

자람이 가정활동

말씀을 따라 읽고 기도해요!

사도행전 8장 29절 | 성령이 빌립더러 이르시되 이 수레로 가까이 나아가라 하시거늘

하나님, 우리 ○○(이)가 언제나 예수님을 전할 준비가 되어, 만나는 사람들에게 예수님을 전하도록 도와주세요.
예수님의 이름으로 기도합니다. 아멘.

7과

하나님 나라는 부르심을 받은 사람을 통해 전파돼요 | 사도행전 9장 1-16절

"사울아, 왜 나를 괴롭히느냐?" 부활하신 예수님이 사울을 만나 주셨어요.
"이 사람은 나를 널리 전파할 사람이다." 예수님은 사울을 전도자로 부르셨어요.
예수님은 나도 전도자로 부르셔서 하나님 나라를 전하게 하세요.

7과 예수님을 만난 바울 이야기를 기억하며 순서대로 숫자를 써보아요.

○○(아)야, 예수님을 만난 바울은 복음을 전하는 전도자가 되었단다. 하나님 나라는 부활하신 예수님을 만난 사람을 통해 전파된다는 것을 기억하고 날마다 예수님을 전하며 살아가자.

2단원 암송

2단원 찬양

자람이 가정활동

말씀을 따라 읽고 기도해요!

사도행전 9장 15절 하반절 | 이 사람은 내 이름을 이방인과 임금들과 이스라엘 자손들에게 전하기 위하여 택한 나의 그릇이라

하나님, 우리 ○○(이)도 예수님을 만나 하나님 나라의 복음을 전하는 사람이 되게 해주세요. 예수님의 이름으로 기도합니다. 아멘.

8과

하나님 나라는 우리의 생각을 넘어 전파돼요 | 사도행전 10장 30-35절, 44-48절

"저희에게 복음을 전해 주세요!" 로마의 군대 장관 고넬료가 베드로를 초청했어요.
"네! 하나님은 어느 민족이든 받아주신다는 것을 알았어요."
베드로는 이방인 고넬료 가족에게 복음을 전했어요. 하나님 나라는 우리의 생각을 넘어 전파돼요.

8과 **전도해야 할 친구를 찾고, 점선을 따라 동그라미를 그려 보아요.**

○○(아)야, 하나님은 베드로가 자신의 생각을 뛰어 넘어 이방인 고넬료에게 복음을 전하게 하셨단다. 우리의 생각을 내려 놓고 모든 사람에게 복음을 전하도록 하자.

2단원 암송

2단원 찬양

자람이 가정활동

말씀을 따라 읽고 기도해요!

사도행전 10장 47절 | 이에 베드로가 이르되 이 사람들이 우리와 같이 성령을 받았으니 누가 능히 물로 세례 베풂을 금하리요 하고

하나님, 우리 ○○(이)가 자신의 생각대로가 아닌 성령의 인도하심을 따라 복음을 전하게 해주세요. 예수님의 이름으로 기도합니다. 아멘.

9과

교회가 교회를 도움으로 하나님 나라를 전해요 | 사도행전 11장 19-26절

예루살렘교회는 안디옥교회를 위해 바나바와 바울을 보내 복음을 전했어요.
"아멘! 아멘!" 안디옥교회 사람들이 예수님을 믿고 '그리스도인'이라 불리게 되었어요.
교회가 교회를 도움으로 하나님 나라를 전해요.

9과 **두 손 모아 마음을 다해 교회를 도와요.**

○○(아)야, 예루살렘교회는 안디옥교회를 돕기 위해 바나바와 바울을 보내서 예수님을 전하게 했단다. 교회가 교회를 돕는 것은 하나님 나라를 전하는 거란다. 우리도 다른 교회를 어떻게 도울 수 있을지 함께 알아보자.

3단원 암송

3단원 찬양

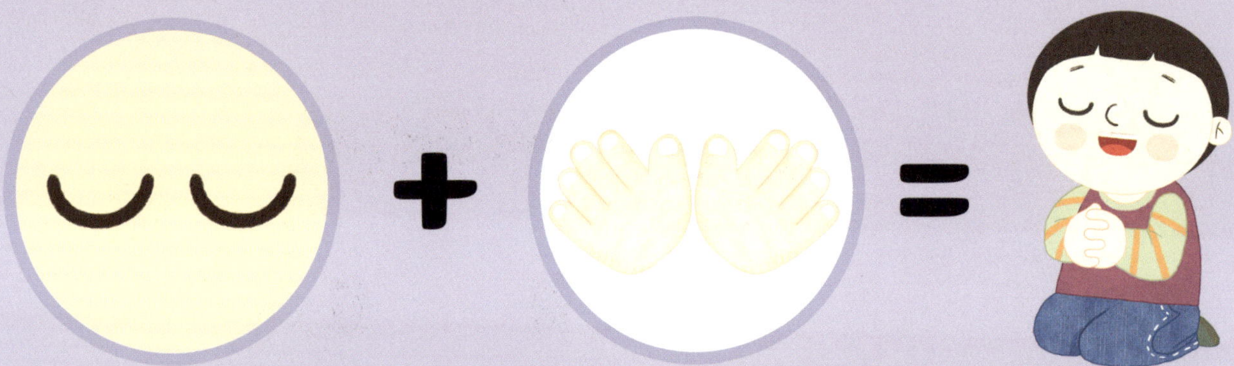

"하나님, 교회를 도와주세요!"

자람이 가정활동 말씀을 따라 읽고 기도해요!

사도행전 11장 26절 | 만나매 안디옥에 데리고 와서 둘이 교회에 일 년간 모여 있어 큰 무리를 가르쳤고 제자들이 안디옥에서 비로소 그리스도인이라 일컬음을 받게 되었더라

하나님, 우리 ○○(이)가 교회를 사랑하고 돕는 믿음의 자녀가 되어 하나님 나라를 전하는 일에 쓰임 받게 해주세요. 예수님의 이름으로 기도합니다. 아멘.

10과

복음이 필요한 곳에 하나님 나라를 전해요 | 사도행전 16장 6-10절

"마게도냐로 건너와서 우리를 도와주세요!" 바울은 캄캄한 밤에 환상을 보았어요.
바울은 다른 곳으로 가서 복음을 전하려고 하였지만, 성령님은 바울을 마게도냐로 보내셨어요.
하나님은 **복음이 필요한 곳**으로 **우리를 인도하세요.**

10과 **복음이 필요한 사람이 누구인지 이름을 적어 보아요.**

○○(아)야, 하나님은 복음이 필요한 곳에 꼭 복음이 전해지도록 하신단다. 가족, 친구, 친척 등 복음이 필요한 사람들에게 복음을 전하자.

3단원 암송

3단원 찬양

가족 이름 :

친구 이름 :

친척 이름 :

자람이 가정활동 말씀을 따라 읽고 기도해요!

사도행전 16장 10절 | 바울이 그 환상을 보았을 때 우리가 곧 마게도냐로 떠나기를 힘쓰니 이는 하나님이 저 사람들에게 복음을 전하라고 우리를 부르신 줄로 인정함이러라

하나님, 우리 ○○(이)가 복음이 꼭 필요한 곳에 복음을 전하는 자녀가 되게 해주세요. 예수님의 이름으로 기도합니다. 아멘.

어려움 속에서도 하나님 나라를 전해요 | 사도행전 16장 25-34절

11과

철커덩! 바울과 실라는 감옥에 갇혔지만 하나님을 찬양하고 기도했어요.
갑자기 흔들흔들 지진이 일어났어요. 문이 열리고 묶인 것이 풀어졌어요. "예수님 믿으세요!"
바울과 실라는 하나님 나라를 전했어요. 우리도 **어려움 속**에서도 **하나님 나라**를 전해요.

11과 기도손을 색칠하고 기도해요.

○○(아)야, 바울과 실라는 감옥에서도 기도하고 찬양했단다. 어렵고 힘든 상황에서도 하나님께 기도하고 찬양할 때 하나님이 꼭 들으신다는 것을 기억하자.

3단원 암송

3단원 찬양

"예수님의 이름으로 기도합니다. 아멘."

자람이 가정활동 말씀을 따라 읽고 기도해요!

사도행전 16장 25절 | 한밤중에 바울과 실라가 기도하고 하나님을 찬송하매 죄수들이 듣더라

하나님, 우리 ○○(이)가 힘들고 어려운 상황에서도 하나님께 기도하고 찬양하게 해주세요. 예수님의 이름으로 기도합니다. 아멘.

12과

땅끝까지 하나님 나라를 전해요 | 사도행전 28장 23-31절

“예수님 믿으세요.” 바울은 죄수의 신분이지만 로마에서도 예수님을 전했어요.
아침부터 저녁까지 집으로 찾아오는 모든 사람에게 담대하게 하나님 나라를 전했어요.
우리도 하나님 나라의 증인이 되어 **언제 어디서나 하나님 나라**를 전해요.

12과 **누구에게나 예수님을 전하기로 다짐하며 색칠해 보아요.**

○○(아)야, 로마에 있는 바울은 집으로 오는 사람들에게 예수님을 전했단다. 모든 사람에게 예수님을 전하는 우리 가족이 되자.

3단원 암송

3단원 찬양

자람이 가정활동 말씀을 따라 읽고 기도해요!

사도행전 28장 31절 | 하나님의 나라를 전파하며 주 예수 그리스도에 관한 모든 것을 담대하게 거침없이 가르치더라

하나님, 바울이 끝까지 하나님 나라를 담대하게 거침없이 전한 것처럼, 우리 ○○(이)도 끝까지 복음을 전하게 해주세요. 예수님의 이름으로 기도합니다. 아멘.

13과

복음은 구원을 주시는 하나님의 능력이에요 | 로마서 1장 8-17절

"여러분, 정말 보고 싶어요. 여러분이 꼭 복음을 믿기를 원해요! 예수님을 믿으면 구원받아요."
바울은 이 능력의 복음을 전하고 싶어서 로마교회 사람들에게 편지를 썼어요.
하나님은 **복음을 믿는 모든 사람**에게 **구원을 선물**로 주세요.

13과 **복음에 대한 말씀을 따라 읽고 색칠해 보아요.**

○○(아)야, 예수님이 우리를 위해 십자가에서 죽으시고 부활하셔서 우리를 구원해 주셨단다. 이 복음을 믿고 날마다 하나님께 감사하며 살아가는 가족이 되자.

4단원 암송

4단원 찬양

자람이 가정활동

말씀을 따라 읽고 기도해요!

로마서 1장 16절 | 내가 복음을 부끄러워하지 아니하노니 이 복음은 모든 믿는 자에게 구원을 주시는 하나님의 능력이 됨이라 먼저는 유대인에게요 그리고 헬라인에게로다

하나님, 우리 ○○(이)가 예수님을 믿어 구원받게 해주셔서 감사해요. 늘 복음의 능력을 믿으며 살게 해주세요. 예수님의 이름으로 기도합니다. 아멘.

14과

복음을 믿으면 예수님과 하나가 되어요 | 로마서 6장 1-11절

예수님이 십자가에서 죽으셨을 때 나도 예수님과 함께 죽었어요.
예수님이 무덤에서 살아나셨을 때 나도 다시 생명을 얻었어요.
이것을 믿나요? "아멘!" 이것을 **믿는 사람**은 **예수님과 함께 영원히 살 수 있어요.**

14과 '하나'를 나타내는 것을 찾아 ○ 해보아요.

○○(아)야, 예수님을 믿으면 예수님과 하나가 된단다. 예수님과 함께 십자가에서 죽고, 또한 예수님의 생명으로 사는 우리 가족이 되자.

4단원 암송

4단원 찬양

예수님과 하나가 되었어요!

자람이 가정활동 말씀을 따라 읽고 기도해요!

로마서 6장 11절 | 이와 같이 너희도 너희 자신을 죄에 대하여는 죽은 자요 그리스도 예수 안에서 하나님께 대하여는 살아 있는 자로 여길지어다

하나님, 우리 ○○(이)가 예수님 안에서 죄를 이기고 승리하는 자녀임을 선포하며 살아가게 도와주세요. 예수님의 이름으로 기도합니다. 아멘.

복음을 믿으면 성령님을 따라 살 수 있어요 | 로마서 8장 1-11절

15과

'하나님이 기뻐하시는 생각'을 누가 주실까요? 바로 성령님이 주셔요.
예수님을 믿는 내 안에 성령님이 함께 하셔요. 성령님은 '하나님이 기뻐하시는 생각'을 하도록 나를 도와주세요.
성령님을 따라 살면 날마다 **생명과 평강**을 누려요.

15과 누구를 따라가야 할까요? 따라따라 줄긋기를 해보아요.

○○(아)야, 예수님을 믿으면 성령님을 따라 살 수 있단다. 우리 안에 계시는 성령님을 따라가며 하나님을 기쁘시게 하는 생각으로 살아가는 가족이 되자.

4단원 암송

4단원 찬양

자람이 가정활동

말씀을 따라 읽고 기도해요!

로마서 8장 2절 | 이는 그리스도 예수 안에 있는 생명의 성령의 법이 죄와 사망의 법에서 너를 해방하였음이라

하나님, 우리 ○○(이)가 성령님을 따라 성령의 생각을 하며 살아가게 해주세요. 예수님의 이름으로 기도합니다. 아멘.

16과

복음을 믿으면 하나님의 뜻대로 살 수 있어요 | 로마서 12장 1-2절, 14-21절

매일매일 나는 어떤 생활을 하고 있나요? 언제 어디서나 예배드리는 모습으로 살고 있나요?
"안 돼, 안 돼!" 이 세상을 본받지 않아요. 말씀으로 마음을 새롭게 하여 변화를 받아요.
복음을 믿는 사람은 매일매일 선으로 악을 이기며 **하나님의 뜻대로** 살 수 있어요.

16과 하나님의 뜻대로 살아가는 모습을 따라 줄을 그어 보아요.

○○(아)야, 복음을 믿으면 하나님의 뜻대로 살 수 있단다. 하나님의 선하시고 기뻐하시고 온전하신 뜻대로 살아가는 우리 가족이 되자.

4단원 암송

4단원 찬양

자람이 가정활동

말씀을 따라 읽고 기도해요!

로마서 12장 2절 | 너희는 이 세대를 본받지 말고 오직 마음을 새롭게 함으로 변화를 받아 하나님의 선하시고 기뻐하시고 온전하신 뜻이 무엇인지 분별하도록 하라

하나님, 우리 ○○(이)가 세상을 따라가지 않고 하나님이 기뻐하시는 뜻대로 살아가게 해주세요. 예수님의 이름으로 기도합니다. 아멘.

17과

우리는 서로 하나 된 교회예요 | 고린도전서 3장 1-9절

"나는 아볼로가 좋아요!" "나는 바울이 더 좋아요!" 고린도교회 사람들이 서로 다퉜어요. "우리 모두는 하나님 나라의 일꾼일 뿐입니다. 자라게 하시는 분은 오직 하나님이십니다." 바울이 말했어요. 우리는 다투지 않고 하나 되는 교회를 이루어가야 해요.

11과 숫자 순서대로 선을 그어 교회를 그리고 색칠해 보아요.

○○(아)야, 교회에는 많은 사람이 있단다. 서로 다르지만 모두 함께 돕고 사랑할 때 하나님이 기뻐하시는 교회가 될 수 있어. 한 마음으로 교회를 사랑하는 우리 가족이 되자.

5단원 암송

5단원 찬양

자람이 가정활동 말씀을 따라 읽고 기도해요!

고린도전서 3장 9절 | 우리는 하나님의 동역자들이요 너희는 하나님의 밭이요 하나님의 집이니라

하나님, 우리 ○○(이)가 서로 다름을 인정하고 하나 된 교회를 이루는 자녀가 되게 해주세요. 예수님의 이름으로 기도합니다. 아멘.

18과

우리는 사랑으로 섬기는 교회예요 | 고린도전서 13장 1-7절

바울은 고린도교회 사람들에게 서로 사랑으로 섬기라고 말씀했어요. 어떻게 사랑해야 할까요?
토닥토닥 친절하게 대해요. 자랑하거나 교만하지 않아요.
화내지 않고 모든 것을 참고 믿고 바라요. **우리는 사랑으로 섬기는 교회**예요.

18과 사랑의 말을 따라 하고, 하트를 색칠해요.

○○(아)야, 우리는 한 몸과 같아. 그래서 서로 사랑으로 참아주어야 한단다. 사랑의 말과 섬김으로 사랑을 실천하자.

5단원 암송

5단원 찬양

자람이 가정활동 말씀을 따라 읽고 기도해요!

고린도전서 13장 4절 | 사랑은 오래 참고 사랑은 온유하며 시기하지 아니하며 사랑은 자랑하지 아니하며 교만하지 아니하며

하나님, 우리 ○○(이)에게 하나님의 사랑을 알게 해주셔서 감사합니다. 그 사랑으로 친구를 사랑하고 교회를 섬기는 자녀로 자라게 해주세요. 예수님의 이름으로 기도합니다. 아멘.

19과 우리는 예수님을 자랑하는 교회예요 | 고린도후서 4장 7-18절

흔들흔들 우리는 마치 깨지기 쉬운 질그릇과 같아요.
하지만 걱정 없어요. 우리 마음 안에 반짝반짝 보배이신 예수님이 계시니까요.
우리는 보배이신 **예수님을 자랑하는 교회**예요.

19과 반짝반짝 예수님의 빛을 선을 따라 그어 보아요.

○○(아)야, 우리는 질그릇처럼 약하지만 우리에게는 보배이신 예수님이 함께 한단다. 우리를 도와주시고 힘을 주시는 예수님과 함께 날마다 살아가자.

5단원 암송

5단원 찬양

자람이 가정활동 말씀을 따라 읽고 기도해요!

고린도후서 4장 7절 | 우리가 이 보배를 질그릇에 가졌으니 이는 심히 큰 능력은 하나님께 있고 우리에게 있지 아니함을 알게 하려 함이라

하나님, 우리 ○○(이)가 작고 연약하지만 능력의 예수님이 함께하심을 믿고 살아가게 해주세요. 예수님의 이름으로 기도합니다. 아멘.

20과

성령의 열매를 맺으며 살아요 | 갈라디아서 5장 16-26절

"하나, 둘, 셋, 넷!" 성령님의 인도하심을 따라가면 성령의 열매를 주렁주렁 맺을 수 있어요.
성령의 열매는 사랑, 희락, 화평, 오래 참음, 자비, 양선, 충성, 온유, 절제예요.
성령님과 함께 매일매일 **성령의 열매**를 맺으며 살아가요.

20과 성령의 아홉 가지 열매에 대한 말씀 구절을 읽고 색칠해 보아요.

○○(아)야, 예수님을 믿는 사람은 성령의 열매를 맺으며 살아야 한단다. 성령님을 따라 살아가면 성령의 열매를 맺을 수 있어. 욕심과 탐심을 십자가에 못 박았으니 우리 함께 성령의 열매를 맺자.

6단원 암송

6단원 찬양

오직 성령의 열매는
사랑과 희락과 화평과
오래 참음과 자비와 양선과
충성과 온유와 절제니
이같은 것을
금지할 법이 없느니라
(갈라디아서 5장 22~23절)

자람이 가정활동

말씀을 따라 읽고 기도해요.

갈라디아서 5장 22-23절 | 오직 성령의 열매는 사랑과 희락과 화평과 오래 참음과 자비와 양선과 충성과 온유와 절제니 이 같은 것을 금지할 법이 없느니라

하나님, 우리 ○○(이)가 성령님을 따라 성령의 열매를 맺으며 살게 도와주세요. 예수님의 이름으로 기도합니다. 아멘.

하나님의 전신갑주를 입고 승리하며 살아요 | 에베소서 6장 10-18절

21과

전쟁에서 승리하려면 갑옷을 입고 무장해야 해요.
악한 마귀가 공격해 올 때 우리는 하나님의 **전신갑주**를 입고 완전히 무장해야 **승리**할 수 있어요.
"얍얍!" 믿음의 방패와 말씀의 검을 가지고 승리해요.

21과 선을 그어 하나님의 전신갑주를 입어 보아요.

○○(아)야, 마귀는 우리가 하나님과 멀어지게 한단다. 그런 마귀와 싸워 이기려면 하나님의 전신갑주를 입어야 해. 매일 전신갑주를 입고 승리하자.

6단원 암송

6단원 찬양

자람이 가정활동 말씀을 따라 읽고 기도해요!

에베소서 6장 13절 | 그러므로 하나님의 전신 갑주를 취하라 이는 악한 날에 너희가 능히 대적하고 모든 일을 행한 후에 서기 위함이라

하나님, 우리 ○○(이)가 하나님의 전신갑주를 입고 마귀의 공격에 승리하는 삶을 살도록 인도해 주세요. 예수님의 이름으로 기도합니다. 아멘.

22과

항상 기도하고 기뻐하며 살아요 | 빌립보서 4장 4-7절

바울은 감옥에서 빌립보교회 성도들에게 편지를 썼어요.
"여러분, 항상 기뻐하세요! 모든 일에 감사하며 하나님께 기도하세요."
모든 것을 아시는 하나님께서 평강을 주세요. 항상 **기도하고 기뻐하며** 살아가요.

22과 **항상 기도하고 기뻐하는 내 모습을 그려 보아요.**

○○(아)야, 하나님의 자녀는 어렵고 힘들 때에도 하나님이 도와주실 것을 믿고 기도하며 기뻐해야 한단다. 날마다 기도하며 기쁨 안에서 살아가자.

6단원 암송

6단원 찬양

자람이 가정활동 말씀을 따라 읽고 기도해요!

빌립보서 4장 6절 | 아무 것도 염려하지 말고 다만 모든 일에 기도와 간구로, 너희 구할 것을 감사함으로 하나님께 아뢰라

하나님, 우리 ○○(이)가 어렵고 힘들 때에도 하나님께 기도하며 기쁘게 살아가도록 도와주세요. 예수님의 이름으로 기도합니다. 아멘.

종려주일

예수님은 하나님의 뜻대로 순종하셨어요 | 마태복음 26장 36-46절

십자가를 지시기 전, 예수님은 겟세마네 동산에서 엎드려 간절히 기도하셨어요.
"아버지, 할 수만 있으면 십자가의 죽음을 거두어 주소서. 그러나 나의 뜻이 아닌 아버지의 뜻대로 하소서!"
하나님의 뜻대로 순종하신 **예수님**처럼 우리도 하나님께 순종해요.

종려주일 두 손을 그리고 예수님을 생각하며 기도해요.

○○(아)야, 예수님은 십자가를 지시기 전, 하나님께 기도하며 하나님의 뜻에 순종하셨단다. 우리 ○○(이)도 예수님처럼 하나님 뜻에 순종하도록 기도하자.

이곳에 나의 손을 대고 그려 보세요.

자람이 가정활동 말씀을 따라 읽고 기도해요!

마태복음 26장 39절 하반절 | 내 아버지여 만일 할 만하시거든 이 잔을 내게서 지나가게 하옵소서 그러나 나의 원대로 마시옵고 아버지의 원대로 하옵소서 하시고

하나님, 우리 ○○(이)가 예수님처럼 기도하며 하나님의 뜻에 순종하는 자녀로 자라게 해주세요. 예수님의 이름으로 기도합니다. 아멘.

부활주일

예수님이 부활하셨어요 | 고린도전서 15장 4-8절, 14-19절

십자가에서 죽으신 예수님께서 3일 만에 성경대로 다시 살아나셨어요.
"부활하신 예수님을 만났어요." "저도요!" 바울과 열두 제자, 오백 명이 넘는 사람들이 예수님을 만났어요.
부활하신 예수님처럼 우리도 다시 살아나 천국에서 **영원히 살 것을 믿어요.**

부활주일 예수님의 부활을 생각하며 얼굴 표정을 연결해 보아요.

○○(아)야, 예수님은 십자가에서 죽으셨다가 사흘 만에 다시 살아나셨단다. 부활하신 예수님을 아주 많은 사람이 보았지. 실제로 일어난 예수님의 부활을 믿고, 이 놀라운 소식을 친구에게 전하도록 하자.

자람이 가정활동 말씀을 따라 읽고 기도해요!

고린도전서 15장 4절 | 장사 지낸 바 되셨다가 성경대로 사흘 만에 다시 살아나사

하나님, 우리 ○○(이)가 예수님의 부활을 믿고 친구들에게 전하는 믿음의 자녀가 되게 해주세요. 예수님의 이름으로 기도합니다. 아멘.

예수님처럼 자라가요 | 누가복음 2장 40절, 52절

"응애응애!" 아기로 태어나신 예수님은 어떤 모습으로 자랐을까요?
예수님은 몸도 튼튼 지혜도 쑥쑥, 하나님의 사랑을 받은 아이로 자랐어요.
우리도 **예수님처럼 지혜와 키**가 자라가며 **하나님과 사람에게 더욱 사랑스러운 아이**로 자라가요.

어린이주일 **예수님처럼 자라나는 내 모습을 따라 줄긋기를 해보아요.**

○○(아)야, 예수님은 키도 쑥쑥, 몸도 튼튼하게 자라셨단다. 그리고 지혜와 사랑이 가득한 아이로 칭찬 받으셨지. 우리 ○○(이)도 예수님처럼 하나님과 사람들에게 사랑스러운 아이로 자라기를 함께 기도하자.

예수님

자람이 가정활동 말씀을 따라 읽고 기도해요.

누가복음 2장 52절 | 예수는 지혜와 키가 자라가며 하나님과 사람에게 더욱 사랑스러워 가시더라

하나님, 우리 ○○(이)가 하나님과 사람에게 사랑스러운 아이로 자라게 해주세요. 예수님의 이름으로 기도합니다. 아멘.

어버이 주일

주님 안에서 부모님께 순종해요 | 에베소서 6장 1-4절

부모님께 우리는 어떻게 해야 할까요? 부모님 말씀에 "네네!" 순종해요.
부모님을 공경하는 자녀는 이 땅에서 잘되고 오래 사는 복을 받아요.
주님 안에서 **부모님께 순종**하는 **자녀**가 되어요.

어버이주일 부모님께 감사, 사랑, 순종을 실천하고 색칠해 보아요.

○○(아)야, 하나님이 우리 가정에 ○○(이)를 보내주시고 하나님의 사랑을 가르치고 잘 돌봐주라고 하셨어. 건강하고 지혜롭게 자라주어서 고마워. 앞으로도 엄마, 아빠에게 순종하여 하나님의 기쁨이 되길 기도해.

♥ 이렇게 실천했어요! ♥

자람이 가정활동 말씀을 따라 읽고 기도해요!

에베소서 6장 1절 | 자녀들아 주 안에서 너희 부모에게 순종하라 이것이 옳으니라

하나님, 우리 ○○(이)가 주님 안에서 부모님을 공경하고, 부모님 말씀에 순종하는 자녀가 되게 해주세요. 예수님의 이름으로 기도합니다. 아멘.

3과

1과

2과

5과

4과

6과

7과

8과

9과

10과

12과

11과

13과

14과

15과

17과

16과

19과

18과

21과

20과

22과

부활주일

종려주일

어버이 주일

어린이 주일

영유아부 3과정 1학기 학생용

기획 | 총회교육개발원　　**총괄** | 총회총무 박용규
총회교육개발원 원장 | 노영주
선임연구원 | 한유완
연구원 | 성초희 문성광 남기숙 배승리
교육과정 | 김광열 김준 김희석 김희자 박재은 신국원 이관직 조호형 주종훈 함영주
공과집필 | 한유완(팀장) 김희영 김은미 김희정 안명숙 우경신 이은숙 이은실
장선희 장은숙 정현숙 한은혜
감수 | (교수) 강대훈 김광열 김대혁 김요섭 김희석 김희자 유은희
(목회자) 송태근 고동훈 고문산 권순웅 박재신
교정 | 송지수　　**그림** | 최은민　　**표지·내지 디자인** | 지온커뮤니케이션
App 개발 | 주식회사 노드블랙

하나바이블

초판 발행 | 2022년 11월 25일　　**초판 3쇄** | 2025년 12월 1일
편집 | 대한예수교장로회총회 교육개발원
제작 | 대한예수교장로회총회 출판부
출판팀 팀장 | 오은총
부팀장 | 조미예 김경환
발행 | 대한예수교장로회총회
주소 | 06177 서울시 강남구 영동대로 330
전화 | 02-559-5647(교육개발원) 02-559-5655~7(출판팀)
팩스 | 02-559-8490(교육개발원) 02-6940-9384(출판팀)
홈페이지 | www.총회교육.com www.holyonebook.com
제조국 | 대한민국

대한예수교장로회총회

ISBN 979-11-92120-61-4(04230)
979-11-92120-60-7(04230) 세트
값 9,000원